Å lede med motivasjon

For deg som leder også på de tunge dagene

Hvorfor «Å lede med motivasjon» er skrevet

Kjære leser,

Å være leder er et privilegium – men også en stor byrde. Du bærer ansvar, tar beslutninger som påvirker andres liv, og forsøker hver dag å balansere menneskelighet med resultater. Ikke minst forventes det ofte at du skal være den som holder motet oppe, også når du selv føler deg tom.

Denne boken er skrevet for deg som noen ganger kjenner at det er tungt. Ikke fordi du ikke er sterk, men fordi du nettopp tar rollen din på alvor. Den er til deg som har hatt en krevende samtale, måttet si opp en medarbeider, eller bare kjent på følelsen av å ikke strekke til – og likevel skal være den som motiverer andre.

Jeg heter Sam. Jeg har selv kjent på disse dagene. Noen ganger skulle jeg ønske jeg hadde noen å snakke med – en som forstod. Derfor er denne boken ment å være akkurat det: et stille rom med støtte og inspirasjon, fylt med teorier, praksiser og teknikker jeg selv har brukt, og som er hentet fra kjente og anerkjente ledelsesteorier og psykologiske rammeverk. Dette er ikke en fasit. Du må finne det som fungerer for deg. Men kanskje finner du her noen grep, tanker og verktøy som gjør det litt lettere å holde motivasjonen oppe – både på jobb og hjemme.

Jeg er med deg – gjennom disse sidene.
Vi starter der mange dager starter: **i det vanlige.**

Kapitteloversikt

Kapittel 1

Motivasjon i hverdagen – små grep for vanlige dager

Vi begynner med det som kanskje virker som det enkleste – men som i praksis er noe av det mest krevende å opprettholde over tid: motivasjonen i helt vanlige dager. Dager hvor det ikke nødvendigvis har skjedd noe dramatisk, men hvor tempoet er høyt, kravene konstante, og energien sakte, men sikkert tappes. Det er akkurat disse dagene, de gjennomsnittlige, som danner grunnlaget for alt annet. Bygger du gode vaner her, står du sterkere når stormen kommer.

Når alt er «greit» – men du kjenner deg tom

Mange ledere forteller at det ikke er krisene som er verst – det er den jevne gnissingen, det uavbrutte ansvaret og de dagene som bare flyter forbi uten at man føler seg særlig nyttig eller inspirert. Slike dager kan tære på motivasjonen, og over tid føre til at man mister både gnisten og gleden i lederrollen.

Det første vi skal erkjenne er dette: Motivasjon er ikke en konstant tilstand. Den må skapes, vedlikeholdes og noen ganger gjenskapes – aktivt.

Teori: Selvbestemmelsesteorien (Deci & Ryan)

Et av de mest anerkjente rammeverkene innen motivasjonspsykologi er Selvbestemmelsesteorien (Self-Determination Theory, SDT), utviklet av Edward Deci og Richard Ryan. De peker på at ekte, indre motivasjon blomstrer når tre grunnleggende behov er dekket:

1. *Autonomi* – Å føle at man har valgmuligheter og styring over egne handlinger.

2. *Kompetanse* – Å oppleve mestring og føle seg dyktig i det man gjør.

3. *Tilhørighet* – Å kjenne tilknytning og relasjoner til andre.

Disse tre faktorene er sentrale i både rolige og krevende perioder. Når de er til stede i hverdagen, vil du som leder kjenne deg mer motivert, energisk og tilstede.

Praktiske grep for å styrke motivasjonen i hverdagen

Her er konkrete måter du kan styrke de tre kjernebehovene på – uten at det krever store endringer:

1. Start dagen med intensjon

I stedet for å gå rett inn i e-poster eller møter, bruk fem minutter til å spørre deg selv:

> ➢ Hva vil jeg bidra med i dag?
> ➢ Hvilken verdi skaper jeg for teamet mitt?
> ➢ Hvordan vil jeg fremstå som leder i dag?

Å sette en intensjon gir retning og eierskap – og øker følelsen av autonomi.

2. Gjør små seire synlige

Lag en enkel logg eller refleksjon på slutten av dagen der du skriver ned tre ting du fikk til. Det styrker følelsen av kompetanse og gjør deg mer oppmerksom på det som faktisk fungerer.

Eksempel:

> ➢ Jeg tok en god avgjørelse i et møte
> ➢ Jeg støttet en kollega som trengte det
> ➢ Jeg fikk unna en oppgave jeg har utsatt lenge

3. Prioriter relasjonelle øyeblikk

Selv i travle dager kan du skape korte øyeblikk av tilhørighet:

> ➢ Spør en kollega hvordan de har det – og lytt
> ➢ Gi ærlig ros
> ➢ Ta lunsj sammen med noen (uten skjerm)

Det handler ikke om tid, men om nærvær.

Verktøy: 3x3-metoden

Dette er en enkel metode for å styrke daglig motivasjon gjennom refleksjon.

Hver dag (morgen eller kveld), svar på:

> ➤ 3 ting jeg gleder meg til / er takknemlig for
> ➤ 3 ting jeg vil gjøre bra i dag / gjorde bra i dag
> ➤ 3 personer jeg vil støtte / setter pris på

Det tar 3–5 minutter og gir både fokus og mening. Den bygger opp din indre motivasjon og hjelper deg å se deg selv og andre i et klarere lys.

Tips og triks for små justeringer med stor effekt

*   *Sett på alarm for pauser:* Små pusterom gir rom for tanke og fornyet energi.

*   *Bytt sittestilling, gå et kvarter:* Kroppslig bevegelse påvirker mental tilstand.

*   *Veksle mellom oppgaver som gir og tar energi:* Ikke legg alt krevende etter hverandre.

- *Ha en «mentalt grønn sone» i kalenderen* – en halvtime du verner om som din.

- *Bruk takknemlighet aktivt:* Start eller avslutt møter med å si én ting dere er takknemlige for.

Når små grep blir store på sikt

Disse vanene virker kanskje små i seg selv – men de legger grunnlaget for noe større: en lederhverdag med tilstedeværelse, balanse og kraft. Du vil merke at motivasjonen kommer lettere tilbake, og at du blir mer bevisst din rolle som både menneske og leder.

Å møte en helt vanlig dag med bevissthet og små, men smarte valg – det er lederskap i praksis.

Kapittel 2

Når arbeidsdagen føles tung uten en klar grunn

Noen dager starter bare tyngre enn andre. Kanskje du våkner med en følelse av uro, eller kjenner at alt krever mer innsats enn vanlig – uten at du kan peke på noe spesifikt. Det er ingen store problemer som har oppstått. Kalenderen ser omtrent ut som den pleier. Men kroppen og hodet henger liksom ikke helt med.

Dette kapittelet handler om akkurat disse dagene – dagene hvor det er noe som skurrer, uten at du helt vet hva. Og viktigst av alt: hvordan du som leder kan møte disse dagene med forståelse og praktiske grep for å hente deg selv inn igjen.

En naturlig del av lederskapet – og livet

Det første du må vite, er at slike dager er helt normale. De betyr ikke at du har mistet gnisten, eller at du ikke egner deg som leder. Tvert imot – det viser at du er menneskelig. Hjernen og kroppen vår er i konstant dialog med alt vi opplever, og noen ganger er det rett og slett et lite signal om at du trenger å justere farten, retningen eller forventningene.

Å erkjenne at du har slike dager, og møte dem uten å skamme deg, er en styrke – ikke en svakhet.

Teori: Amy Cuddy og begrepet «self-nudging»

Amy Cuddy, sosialpsykolog og forfatter kjent for sin forskning på kroppsspråk og selvtillit, introduserer begrepet «*self-nudging*» – små, bevisste handlinger som hjelper deg å komme i kontakt med dine egne ressurser.

I stedet for å vente på at motivasjonen plutselig skal dukke opp, handler self-nudging om å stille seg selv små spørsmål, gjøre mikrovalg, og ta bittesmå steg i riktig retning – også på tunge dager.

Eksempler på self-nudging:

- «Hva er én ting jeg vet at jeg mestrer i dag?»

- «Hva kan jeg gjøre i dag som gir meg 5 % mer ro?»

- «Hva ville jeg anbefalt en venn i samme situasjon?»

Denne tilnærmingen hjelper deg å møte tunge dager med nysgjerrighet i stedet for frustrasjon.

Praktiske grep: Når du ikke vet hvorfor det føles tungt

Her er noen konkrete handlinger du kan ta når motivasjonen er lav og årsaken uklar:

1. Bytt kontekst

Ofte er det ikke deg som er problemet, men omgivelsene du har vært lenge i. Gå ut av kontoret. Bytt rom. Ta en gåtur rundt bygget eller kvartalet. Flytt deg fysisk for å få et nytt mentalt perspektiv.

2. Tillat deg å være i «lav gir»

Du trenger ikke være på topp hver dag. Aksepter at dagen blir saktere. Stryk én ting fra to-do-lista di. Fullfør det viktigste, og gi deg selv rom. Det er bedre å gjennomføre med ro enn å presse seg gjennom med uro.

3. Gjør én god ting for en annen

Når vi hjelper andre – selv med små ting – aktiveres deler av hjernen vår knyttet til belønning og mening. Send en hyggelig melding. Ros noen. Lytt åpent. Det gjør noe med oss selv også.

4. Skriv 5 linjer – ikke mer

Skriv helt kort hva du føler. Ingen filter, ingen redigering. Bare 5 linjer. Ofte ligger svaret på hva du trenger i det du skriver. Det gir klarhet og bevissthet.

5. Bruk stemmen din

Snakk høyt med deg selv – gjerne i bilen eller alene på kontoret. Si:
– «Dette er en rar dag, men det går fint.»

– «Jeg kjenner meg tung, men jeg skal gjøre så godt jeg kan.»

Å sette ord på tilstanden kan dempe uro og aktivere rasjonelle deler av hjernen.

Verktøy: «3 P»-refleksjonen

Denne enkle modellen hjelper deg å kartlegge hvor tyngden kan komme fra. Skriv ned:

- **Person** – Har noen påvirket meg i det siste?

- **Prosess** – Er det en arbeidsoppgave jeg gruer meg til?

- **Påvirkning** – Er det noe i privatlivet som ligger i bakhodet?

Ved å sette navn på det utydelige, kan du ofte hente tilbake kontroll og balanse.

Tips og triks for å møte «tåkete» dager

- Ikke tving frem energi – se hva du faktisk trenger

- Reduser krav til deg selv – still deg spørsmålet: Hva er godt nok i dag?

- Gjør ting i 10-minutters bolker – og gi deg selv pauser

- Hør på musikk som gir deg indre ro eller motivasjon

- Velg en «enkelt seiersoppgave» – én konkret ting du vet du kan gjennomføre og bli fornøyd med

En del av lederreisen

Som leder er du mer enn en beslutningstaker og gjennomfører. Du er et helt menneske, med egne behov, rytmer og følelser. Å ta vare på seg selv når ting føles uklart, er en viktig del av det å være bærekraftig – både som leder og som menneske.

Noen dager er bare sånn. Men du kan fortsatt være nærværende. Du kan fortsatt være en god leder. Og kanskje viktigst av alt: Du kan være snill med deg selv.

Kapittel 3

Etter en krevende samtale med en ansatt

Du lukker døren bak deg og blir sittende et øyeblikk i stillhet. Samtalen er over – men du kjenner at den henger igjen i kroppen. Kanskje det var en medarbeider som tok opp noe vanskelig, kanskje du måtte gi en tydelig tilbakemelding, eller kanskje det var misnøye, frustrasjon eller sterke følelser i rommet.

Uansett innhold – en krevende samtale som leder er ikke over når møtet er slutt. Den fortsetter i deg, i tankene, i følelsene. Dette kapittelet handler om hvordan du kan møte deg selv på en klok og støttende måte etter slike samtaler – slik at du bevarer motivasjonen, og lærer av situasjonen i stedet for å bære den med deg som en byrde.

Hva gjør slike samtaler krevende?

Krevende samtaler kan komme i mange former:

- En medarbeider gir negativ tilbakemelding til deg

- Du må påpeke dårlig arbeid eller holdninger

- Noen uttrykker stress, mistrivsel eller personlige utfordringer

- Konflikt mellom to kollegaer må håndteres

- En du bryr deg om har det ikke bra

Det som gjør slike samtaler så tunge, er ikke bare ordene – det er relasjonen, ansvaret og følelsene knyttet til situasjonen. Du vil gjøre det riktig, du vil være rettferdig, og du ønsker at det skal bli bedre. Og samtidig vet du at du ikke kan kontrollere andres reaksjoner.

Teori: Susan Scott og «Fierce Conversations»

Susan Scott, forfatteren av Fierce Conversations, sier:

"The conversation is the relationship."

Med det mener hun at måten vi snakker med hverandre på, bygger eller bryter tillit. Hun understreker at ekte samtaler krever mot, nærvær og vilje til å stå i ubehaget. Det er ingen vei rundt det. Men etterpå må du også ha verktøy for å bearbeide det som skjedde – og for å ta vare på deg selv.

Praktiske steg du kan ta etter en krevende samtale

1. Gi deg selv noen minutter i stillhet

Ikke kast deg rett over neste møte eller e-post. Lukk øynene. Pust rolig. Legg merke til hva kroppen din forteller deg. Hva kjenner du nå – uro, lettelse, dårlig samvittighet? Ikke døm det. Bare registrer det.

2. Skriv rett etterpå – ikke for å evaluere, men for å rydde

Bruk 5 minutter til å skrive helt fritt:

- Hva skjedde?
- Hva sa jeg?
- Hva sa den andre?
- Hva føler jeg akkurat nå?

Dette hjelper deg å sortere og få perspektiv, og minsker risikoen for at du bærer samtalen ubevisst videre.

3. Normaliser følelsene dine

Å være berørt betyr ikke at du er svak. Det betyr at du bryr deg. Minn deg selv på at du håndterte det så godt du kunne, med den informasjonen og erfaringen du har. Det er en del av det å vokse som leder.

4. Del med en nøytral person

Hvis mulig: snakk med en HR-rådgiver, mentor eller kollega du stoler på. Ikke for å «baksnakke», men for å få speilet situasjonen og høre om det er noe du kan lære til neste gang. Uten støtte blir ledelse ensomt.

Verktøy: Etter-samtale-sjekklisten

Bruk denne lille refleksjonen etter krevende samtaler:

1. Hva ønsket jeg å oppnå?

2. Hva ble faktisk sagt – og hvordan ble det tatt imot?

3. Hva ville jeg gjort likt igjen?

4. Hva kunne vært gjort annerledes?

5. Hva trenger jeg nå – for å hente meg inn igjen?

Dette verktøyet gir deg rom til å bearbeide og utvikle deg – uten å gå i selvkritikk.

Tips og triks for å ta vare på deg selv etterpå

- Gå en liten tur – fysisk bevegelse hjelper følelsene å «lande»

- Unngå å repetere samtalen i hodet om og om igjen – avtal med deg selv et tidspunkt for eventuell evaluering

- Minn deg selv på at det er lov å ikke være perfekt – du er i en prosess

- Les eller hør noe inspirerende som minner deg om hvorfor du valgte lederrollen

- Avslutt arbeidsdagen med en bevisst overgang – ikke ta samtalen med deg hjem i tankene

Motivasjon gjennom læring og selvomsorg

Etter krevende samtaler er det lett å føle seg tappet. Men det er også her utviklingen skjer. Det er i disse øyeblikkene du viser hva slags leder du er – ikke fordi du alltid vet hva du skal gjøre, men fordi du våger å stå i det, og fordi du tar vare på deg selv etterpå.

Neste gang du går ut av et slikt rom og lukker døren bak deg, husk:
Du gjorde noe modig. Du ledet. Du lyttet. Du forsøkte.
Og det er mer enn nok for i dag.

Kapittel 4

Etter å ha måttet si opp noen

Ingenting forbereder deg helt på det øyeblikket du må si de ordene:
«Vi må avslutte arbeidsforholdet ditt.»

Selv om det er gjort på en korrekt og profesjonell måte – og selv om det er riktig for virksomheten – kan det sitte dypt igjen i deg som leder. En oppsigelse berører ikke bare den som mister jobben. Den treffer også deg, relasjonen dere har hatt, og hele teamets dynamikk.

Dette kapittelet handler om hvordan du kan møte deg selv med forståelse og styrke etter at du har sagt opp noen – og hvordan du kan bevare motivasjonen og menneskeligheten videre.

Det emosjonelle etterspillet

Det er mange følelser som kan dukke opp etter en oppsigelse:

- Lettelse (fordi noe vanskelig er over)
- Skam (fordi du måtte skuffe noen)
- Tristhet (fordi du brydde deg om personen)
- Usikkerhet (fordi du vet at det påvirker teamet)
- Uro (fordi du lurer på om det kunne vært unngått)

Dette er normale og naturlige reaksjoner. En oppsigelse er aldri bare administrativ. Den har menneskelige konsekvenser – og du bærer ansvaret, noe som kan tære på motivasjonen i lang tid hvis det ikke bearbeides riktig.

Teori: Brene Brown og sårbarhet i ledelse

Brené Brown, forsker og forfatter kjent for sitt arbeid om mot, skam og sårbarhet, sier:

«Vulnerability is not weakness. It's our greatest measure of courage.»

Det å gjennomføre en oppsigelse med respekt, klarhet og menneskelighet, og så tillate deg selv å kjenne på hvordan det føltes – det er ikke svakhet. Det er lederskap.

Å være modig nok til å erkjenne ubehag, bearbeide det og likevel fortsette – det er slik du bygger robusthet og troverdighet over tid.

Praktiske steg for å komme videre etter en oppsigelse

1. Ta deg tid til å lande

Etter samtalen – ikke gå rett videre i full fart. Sett deg ned, lukk PC-en. Pust. Spør deg selv:

- Hvordan har denne prosessen påvirket meg?
- Hvilke følelser kjenner jeg på?
- Hva trenger jeg akkurat nå?

Det kan være ro, en gåtur, en samtale – eller bare tid.

2. Snakk med noen du stoler på

Å være leder betyr ikke at du skal bære alt alene. Del med HR, en mentor eller en annen leder. Ikke for å få trøst, men for å bearbeide – og for å høre andres perspektiver. Du er ikke den eneste som har kjent det slik.

3. Gjenkjenne og stå i tvilen

Noen ganger tviler du i etterkant: «Kunne jeg gjort mer? Ga jeg opp for tidlig?» Det er sunt og viser at du bryr deg. Men ikke la det knekke deg. Bruk det til å reflektere, ikke til å straffe deg selv.

4. Reflekter over læring, ikke bare feil

Hva lærte du av prosessen? Hvordan kan du styrke medarbeiderutvikling, kommunikasjon eller oppfølging fremover – slik at lignende situasjoner kanskje unngås?

Verktøy: Etter-oppsigelse-refleksjon

Bruk denne modellen for å bearbeide og lære etter en oppsigelse:

Refleksjonsspørsmål	Ditt svar
Hva gjorde jeg med integritet?	
Hva ville jeg gjort annerledes?	
Hva lærte jeg om meg selv som leder?	
Hvem kan jeg støtte i teamet nå?	
Hva trenger jeg for å gå videre?	

Skriv det ned – det gir klarhet og styrke.

Tips og triks for å ta vare på deg selv

- Gi deg selv et konkret «sluttpunkt» for prosessen (så du ikke grubler i ukevis)

- Minn deg selv på: *Jeg gjorde det på en respektfull måte*

- Snakk gjerne med en nøytral tredjepart – for avstand og trygghet

- Ikke glem å ivareta resten av teamet – de kjenner også på uro

- Marker overgangen – en symbolsk handling (tur, stille stund, ny uke-plan) hjelper deg å «komme videre»

Når du må velge mellom to ansvar

Det kan føles som om du velger mellom ansvar for individet – og ansvar for helheten. Men ledelse handler om å balansere det personlige og det profesjonelle. En oppsigelse som gjøres med respekt, ryddighet og verdighet kan være en handling for begge parter.

En oppsigelse definerer ikke deg

Du kan være en empatisk, rettferdig og god leder – også når du må ta tøffe avgjørelser. Det som definerer deg, er ikke at du måtte si opp noen, men hvordan du gjorde det – og hvordan du tar vare på deg selv og andre etterpå.

Du bærer fortsatt et stort ansvar. Men du er ikke alene. Du vokser. Og du lærer.

Kapittel 5

Når du har blitt kritisert for manglende resultater

Noen av de tyngste dagene i lederrollen kommer ikke av det du sier – men av det du får høre. Det kan være fra din leder, fra styret, eller gjennom tilbakemeldinger i møter: *«Du leverer ikke godt nok. Du henger etter. Du har ikke nådd målene.»*

Kritikk – spesielt når den handler om resultater – kan kjennes som et personlig angrep, selv når den fremføres profesjonelt. Det stikker. Ikke fordi du ikke tåler ærlige tilbakemeldinger, men fordi du identifiserer deg med jobben du gjør. Når resultatene kritiseres, oppleves det som om *du selv* ikke er god nok.

Dette kapittelet handler om hvordan du kan håndtere slike øyeblikk. Hvordan du kan ta til deg læring – uten å bli lammet. Og hvordan du reiser deg igjen, motiverer deg selv, og fortsetter med kraft og retning.

Når prestasjon blir personlig

Mange ledere – kanskje særlig de mest engasjerte – knytter selvfølelsen sin sterkt til prestasjon. Det betyr at en negativ vurdering av resultater, ofte føles som en negativ vurdering av *deg*.

Det er normalt å reagere med:

- Skam: «Jeg burde gjort mer.»
- Sinne: «De ser ikke alt jeg faktisk gjør.»
- Frykt: «Hva om jeg ikke er god nok til denne rollen?»
- Selvforsvar: «Dette skyldes forhold utenfor min kontroll.»

Å kjenne på disse reaksjonene er menneskelig. Men hvis de får styre deg, risikerer du å miste både roen, selvtilliten og motivasjonen. Det finnes bedre måter å møte det på.

Teori: Carol Dweck og Growth Mindset

Psykologen Carol Dweck er kjent for å ha utviklet begrepet *growth mindset* – et tankesett hvor man ser ferdigheter og prestasjoner som noe som kan utvikles over tid, i motsetning til å se dem som medfødte og statiske (*fixed mindset*).

Et *growth mindset* sier:

«Jeg lykkes ikke enda – men jeg kan lære og forbedre meg.»

Når du møter kritikk med dette perspektivet, skjer det noe viktig: Du begynner å se tilbakemelding som *data, ikke dom*. Det er et verktøy for forbedring, ikke et angrep på din verdi.

Praktiske steg for å møte kritikk og komme styrket ut

1. Still deg selv kontrollspørsmålene

Etter at kritikken har lagt seg litt, spør:

- Hva er faktisk sant i det jeg fikk høre?
- Hva er utenfor min kontroll?
- Hva er innenfor min påvirkning fremover?

Dette hjelper deg å separere det du faktisk kan forbedre, fra det du ikke skal bruke energi på.

2. Gjenopprett ditt indre kompass

Etter kritikk er det lett å miste retningen. Skriv ned:

- Hva står jeg for som leder?
- Hva ønsker jeg å bidra med, uavhengig av resultatkrav?

Dette gir deg tilbake et indre anker, så du ikke lar andres vurderinger definere hele deg.

3. Lag én realistisk forbedringsplan

Velg ut *ett område* du vet du kan forbedre. Lag en konkret plan for hvordan du vil jobbe med det. Små steg, tydelig mål. Ikke prøv å overprestere for å «bevise» deg selv. Bygg tillit over tid.

Verktøy: Kritikkfilteret – 3 lag med refleksjon

Når du mottar negativ tilbakemelding, bruk dette verktøyet:

1. Innhold – Hva ble faktisk sagt? Ikke tolk, men gjengi ordene nøytralt.

2. Intensjon – Hva tror jeg var hensikten med å gi meg denne tilbakemeldingen?

3. Respons – Hvordan vil jeg velge å svare, profesjonelt og konstruktivt?

Skriv det ned. Det hjelper deg å skille følelser fra fakta – og gir deg makt over hvordan du vil gå videre.

Tips og triks for å hente deg inn etter kritikk

- Ikke svar med én gang – gi deg selv tid til å prosessere

- Fysisk aktivitet dagen etter hjelper deg å regulere stress

- Les tidligere suksesser og tilbakemeldinger du har fått – for balanse

- Sett deg et kortsiktig, oppnåelig mål – og fullfør det

- Snakk med en kollega eller mentor som kjenner helheten i jobben du gjør

Du er mer enn dine resultater

Som leder blir du målt – men du er ikke *bare* det du måles på. Du er også de samtalene du tar. Verdiene du står for. Tilliten du bygger. Innsatsen du legger ned, selv når ingen ser.

Kritikk kan gjøre vondt – men det kan også bli starten på noe nytt. En ny bevissthet. En ny retning. En ny styrke.

Neste gang du møter et blikk som sier *«Dette er ikke godt nok»*, kan du svare med et blikk tilbake som sier: *«Takk. Jeg vokser.»*

Kapittel 6

Når kollegaer gjør dagen ekstra utfordrende

Du kjenner det allerede når du ser navnet deres i innboksen. Eller når du logger på møtet og ser ansiktene deres i ruten. Ikke nødvendigvis fiender – men kollegaer som tapper deg. Som møter deg med motstand. Som stadig kritiserer, overser deg, bagatelliserer innsatsen din eller gjør samarbeidet unødvendig krevende.

Du prøver å være profesjonell. Du vet at du må holde hodet kaldt. Men det koster. For dette er ikke konflikter du kan løse med en samtale som leder. Dette er folk du er avhengig av, som ikke er i ditt team – og du må forholde deg til dem, dag etter dag.

Dette kapittelet handler om hvordan du bevarer ro, styrke og motivasjon når det er kollegaene som gjør jobbhverdagen tyngre – og hvordan du kan stå stødig i din rolle, uavhengig av hvordan de oppfører seg.

Hva skjer når du jobber tett med noen som tapper deg?

- Du bruker mye mental energi på å analysere dem
- Du går i forsvar, selv når det ikke er nødvendig
- Du mister kreativitet og rom for refleksjon
- Du begynner å tvile på deg selv
- Du gruer deg til møter – og til hele dager

Den største risikoen er ikke konflikten i seg selv – det er at du mister kontakt med din egen indre ro og motivasjon. Derfor må du skille mellom hva du kan påvirke – og hva du må verne deg mot.

Teori: Stephen Covey – Sirklene for påvirkning og bekymring

Stephen R. Covey, kjent for boken *7 Habits of Highly Effective People*, introduserte et enkelt og kraftfullt prinsipp:

«Fokuser på din sirkel av påvirkning – ikke din sirkel av bekymring.»

Det betyr: Slutt å bruke krefter på alt du ikke kan endre (som hvordan andre tenker, deres stil, deres temperament), og legg all kraften i det du faktisk kan gjøre noe med: dine egne reaksjoner, kommunikasjon, valg og prioriteringer.

Ved å jobbe innenfor din sirkel av påvirkning, bygger du robusthet, klarhet og trygghet – selv når andre oppfører seg uklokt.

Praktiske grep for å håndtere vanskelige kollegaer

1. Lag deg et mentalt skjold – før møtet begynner

Spør deg selv:
– Hva vet jeg at denne personen ofte gjør?
– Hva velger jeg å ikke ta personlig i dag?

Å være mentalt forberedt gjør at du tar mindre skade av møtet – og lettere holder deg rolig og saklig.

2. Svar saklig, ikke følelsesmessig

Når du føler deg provosert eller misforstått, si:
– «Det er en interessant innvending, la oss se på fakta.»
– «Jeg hører at vi ser ulikt på dette – la oss undersøke det nærmere.»

Du trenger ikke "vinne" diskusjonen – du skal bevare din integritet.

3. Før logg over samspillene

Hvis det er et gjentakende mønster, noter:
– Dato, situasjon, hva som ble sagt
– Din reaksjon
– Hva du kunne gjort annerledes (uten selvkritikk)

Dette hjelper deg både å lære – og å dokumentere om det en dag blir nødvendig.

Verktøy: STOPP-modellen fra ACT

Modellen «STOPP» er et verktøy hentet fra Acceptance and Commitment Therapy (ACT), og brukes til å håndtere stressende interaksjoner:

- **S**: Stopp opp
- **T**: Ta et pust
- **O**: Observer – hva føler jeg nå?
- **P**: Plasser fokus – hva er viktig for meg akkurat nå?
- **P**: Praksis – velg en handling som er i tråd med dine verdier

Brukes gjerne i forkant av møter med krevende personer – eller i korte pauser etterpå.

Tips og triks for å verne deg selv mot drenerende kollegaer

- Lag et «styrkeanker» – et bilde eller sitat du ser på før krevende møter
- Allier deg med en kollega som ser deg og støtter deg – dere kan utveksle perspektiv
- Ta korte pauser etter møter – hent deg inn fysisk og mentalt
- Ikke del alle reaksjoner med teamet ditt – de trenger din stabilitet
- Husk: *Det handler mer om dem enn om deg* – du trenger ikke bære deres usikkerhet

Du er ikke mindre verd fordi andre skaper friksjon

Noen kollegaer kommer alltid til å være krevende. Det er ikke et tegn på at du er dårlig til å samarbeide – det er et tegn på at du jobber med mennesker.

Det viktigste er dette: Du kan velge hvordan du møter dem. Du kan velge å stå støtt. Du kan velge å ikke la dem knekke deg.

Og i den evnen – i det valget – ligger noe av det vakreste med lederskap: *Styrken til å være et anker når bølgene slår.*

Kapittel 7

Når teamet du leder skuffer deg

Du har brukt tid. Du har fulgt opp. Du har vært tydelig –
og kanskje til og med inspirerende. Likevel faller
leveransen gjennom. Initiativet uteblir. Ansvar glipper.
Tillit brister. Kanskje du kjenner deg trist. Irritert.
Kanskje til og med sviktet.

Å oppleve at teamet du leder ikke leverer, ikke forstår
alvoret eller ikke tar ansvar, gjør noe med motivasjonen.
Ikke bare fordi resultatene uteblir, men fordi det rokker
ved den relasjonen du har forsøkt å bygge. Du lurer: *Er
det meg? Har jeg ledet dårlig? Hva mer kunne jeg
gjort?*

Dette kapittelet handler om hvordan du møter slike
dager – uten å grave deg ned, men heller bruke dem som
en mulighet til refleksjon, justering og vekst. Både for
deg og for teamet ditt.

Den personlige skuffelsen i profesjonell drakt

Mange ledere holder en rolig og kontrollert fasade –
også når de føler seg skuffet. Det er forståelig. Men
under overflaten kan skuffelse utvikle seg til bitterhet,
mistenksomhet eller oppgitthet hvis den ikke bearbeides.

Skuffelse fra eget team kjennes så sterkt fordi:

34

- Du har investert deg emosjonelt
- Du har jobbet hardt for å skape trygghet og retning
- Du føler du blir stilt dårligere overfor dine egne ledere
- Du lurer på om det er deg som feiler

Derfor er det så viktig at du skiller mellom situasjonen – og identiteten din som leder.

Teori: Patrick Lencioni – The Five Dysfunctions of a Team

I boken *The Five Dysfunctions of a Team* beskriver Patrick Lencioni fem typiske utfordringer som fører til dårlig teamarbeid. De er som et hierarki:

1. Fravær av tillit
2. Frykt for konflikt
3. Mangel på forpliktelse
4. Unngåelse av ansvar
5. Lite fokus på resultater

Dersom teamet skuffer, ligger roten ofte i én eller flere av disse. Å identifisere hvor i modellen problemet ligger, gir deg som leder et konkret grep: du går fra å føle deg personlig såret – til å kunne jobbe strategisk.

Praktiske grep når teamet ikke leverer

1. Start med en intern avsjekk: Hva føler jeg – og hvorfor?

Skriv kort:

- Hva skjedde?
- Hva er jeg skuffet over?
- Hvor personlig opplever jeg dette?

Å få ut følelsene hjelper deg å møte teamet med balanse – ikke frustrasjon.

2. Still åpne, men tydelige spørsmål til teamet

Eksempler:

- «Hvordan opplever dere innsatsen vår den siste tiden?»
- «Hva står i veien for at vi når målene våre?»
- «Hva trenger dere for å lykkes bedre fremover?»

Ikke kom med anklager. Kom med nysgjerrighet og ansvar.

3. Reetabler felles forpliktelse

Ofte trenger teamet en ny justering:

- Hva er vi enige om å levere?
- Hva skjer hvis vi ikke leverer?
- Hvordan støtter vi hverandre – og hvordan holder vi hverandre ansvarlige?

Tydelighet er ikke det motsatte av tillit. Det er selve grunnlaget for det.

Verktøy: Tilbakemeldingssirkel

Et godt verktøy for slike perioder er å kjøre en strukturert tilbakemeldingsøkt i teamet:

1. Hva fungerer bra akkurat nå?
2. Hva fungerer ikke så godt?
3. Hva trenger vi å endre – sammen?
4. Hva kan jeg som leder gjøre mer eller mindre av?

Be alle svare, og lag konkrete tiltak basert på det som kommer frem.

Tips og triks for å håndtere skuffelse uten å stagnere

- Ta en samtale med en ekstern sparringspartner – det gir deg distanse
- Minn deg selv på tidligere utfordringer du har kommet gjennom
- Ikke gjør teamets feil til en kommentar på din personlige verdi

- Jobb med én forbedring i teamet – ikke prøv å fikse alt på én gang
- Ros fremgang og innsats – selv når målene ikke er 100 % nådd

Du leder fortsatt – også i skuffelsen

Ledere som aldri føler seg skuffet, er enten fullstendig følelsesavstengt – eller ikke investert i teamet sitt. Skuffelse er et tegn på at du bryr deg. Men det er også et kall til å gå dypere:

- Har jeg vært for uklar?
- Har jeg overvurdert modenheten i teamet?
- Har jeg gitt for mye tillit uten tydelige rammer?

Det handler ikke om å gi opp – men om å *justere kursen.* Du trenger ikke være perfekt. Du trenger å være til stede.

Fra skuffelse til styrking

Når teamet ditt har skuffet deg, kan du velge:

- Å trekke deg unna
- Eller å bruke det som anledning til utvikling – for dem, og for deg

Det første fører til avstand. Det andre bygger lederskap.

Du er fortsatt den samme lederen – men nå med litt mer innsikt, og litt mer kraft.

Kapittel 8

Når hele dagen har gått i møter

Dagen starter med et morgenmøte. Så et strategimøte. Deretter et statusmøte, et kundemøte, et internt avklaringsmøte, et ad hoc-møte – og plutselig er klokken 16:45. Du lukker PC-en og tenker: *«Hva har jeg egentlig gjort i dag?»*

Du har jobbet – hele dagen. Vært til stede. Hatt ansvar. Hørt, notert, tenkt, svart, styrt. Likevel kjenner du deg tom. Og demotivert. For du fikk ikke gjort noe konkret. Ikke løst en sak. Ikke fulgt opp teamet. Ikke jobbet med det som gir deg energi.

Dette kapittelet handler om hvordan du kan møte slike møtetunge dager med klokhet, og hvordan du kan hente tilbake følelsen av kontroll, verdi og motivasjon – selv når kalenderen ikke gir deg pusterom.

Hvorfor møter sliter på motivasjonen

Møter i seg selv er ikke problemet. Problemet er mengden – og mangel på variasjon og balanse. Når dagen består av 6–8 møter på rad, skjer dette:

- Du får ikke tenkt ferdig egne tanker
- Du går inn og ut av kontekster uten å lande
- Du blir passiv i noen møter, stresset i andre

- Du mister følelsen av mestring
- Du får ikke kontakt med teamet – eller deg selv

Det viktigste er dette: Du har jobbet – men hjernen din har ikke fått noen belønning. Ingen avkryssing på oppgaver. Ingen kreativitet. Ingen avslutning. Bare «videre».

Teori: Daniel Kahneman – System 1 og System 2

Daniel Kahneman, nobelprisvinner i økonomi og psykolog, forklarer i boken *Thinking, Fast and Slow* at hjernen opererer i to systemer:

- **System 1**: raskt, intuitivt, følelsesstyrt
- **System 2**: langsomt, analytisk, krevende

Møter krever ofte konstant bytte mellom de to – og mange timer i slike overganger tapper oss for energi, selv om vi ikke beveger oss fysisk.

Ved slutten av dagen er både hjernen og kroppen slitne – uten følelsen av å ha produsert noe håndfast. Og det er her motivasjonen begynner å svikte.

Praktiske grep for å håndtere møtetunge dager

1. Legg inn 10–15 minutters buffer etter hvert møte

Dette gir deg tid til å bearbeide, notere, hente deg inn – og forberede deg mentalt på neste møte. Hvis du ikke har kontroll over kalenderen din, prøv å sette egne «skyggetider».

2. Gi deg selv en følelse av «fullført» etter hvert møte

Skriv ett notat eller ta én beslutning etter hvert møte, selv om det er liten. Eksempel:
– «Satt retning for neste ukes oppfølging»
– «Avklart ansvar på X»

Små avslutninger gir mentale punktum som hjelper motivasjonen å komme tilbake.

3. Sett av minimum én time til eget arbeid – som hellig tid

Kall det «strategitid» eller «egenproduksjon». Ikke la den forsvinne. Forsvar den.

Verktøy: Møtekompasset – før og etter

Et personlig verktøy du kan bruke for å finne balanse i møtedagen:

Spørsmål	Tidspunkt
Hva er min intensjon med dette møtet?	Før møtet
Hva vil jeg bidra med?	Før møtet
Hva tar jeg med meg videre?	Etter møtet
Hva trenger jeg nå? (pause, bevegelse)	Etter møtet

Dette gjør at du eier dagen din, ikke bare flyter gjennom den.

Tips og triks for å bevare energi gjennom møtekaoset

- Ha én fysisk påminnelse ved pulten – f.eks. et ord: *Pust. Fokuser. Lytt.*

- Gå mens du har visse møter – telefonmøter er perfekte for dette

- Bytt stol eller sittestilling annenhver time – bevegelse påvirker mental tilstand

- Still spørsmål i møtene – det holder deg mentalt aktiv og engasjert

- Avslutt dagen med en bevisst handling som gir deg følelsen av «slutt»

Du er ikke ineffektiv – du er bare overbooket

Disse dagene betyr ikke at du er uorganisert, svak eller lite produktiv. De betyr at du lever i en organisasjon hvor strukturen ikke alltid er laget for ledelse – men for oppfølging.

Du må skape rom for deg selv – ellers forsvinner du i maskineriet.

Finn tilbake til det som er viktig

Etter en dag med bare møter, spør deg:

- Hvem vil jeg være som leder i morgen?
- Hva trenger jeg å hente meg inn igjen?
- Hva er én ting jeg kan prioritere – som gir meg motivasjon og verdi?

Selv i møtekaoset finnes det små rom du kan eie. Og i dem ligger friheten.

Kapittel 9

Når du ikke får vært ute blant folka dine

Du ser dem på skjermen. Kanskje i forbifarten ved kaffemaskinen. Du svarer på e-poster, gir tilbakemeldinger, har møter. Men det er lenge siden du virkelig snakket med dem. Vært til stede. Sett dem jobbe. Sett dem være mennesker, ikke bare roller.

Og du kjenner på det. Den indre stemmen som sier: *«Jeg savner dem. Jeg savner å lede – ikke bare administrere.»*

Dette kapittelet handler om hvordan du kan holde motivasjonen oppe – og gjenoppdage kraften i relasjonell ledelse – selv når kalenderen og oppgavene presser deg bort fra teamet ditt.

Ledelse på avstand – og den stille tomheten

Ledere i dag er ofte mer «inne i systemet» enn blant menneskene sine. Det skyldes ikke uvilje, men strukturer:

- Tidsklemma
- Økende krav til dokumentasjon
- Digitale samhandlingsformer
- Kryssfunksjonelle prosjekter og styringsmøter

Konsekvensen er at mange ledere føler seg mer som koordinatorer og rapportører – og mindre som de menneskelige støttepersonene de ønsker å være.

Følelsen av å være frakoblet fra teamet svekker ikke bare motivasjonen – den tærer også på identiteten din som leder.

Teori: James Kouzes & Barry Posner – «Walk the Talk»

I boken *The Leadership Challenge* løfter James Kouzes og Barry Posner frem et sentralt prinsipp i god ledelse:

"Leaders model the way."

Det betyr at ekte ledere viser seg frem – ikke bare med ord, men med handling. Å være til stede, tilgjengelig og synlig er ikke en ekstraoppgave – det er kjernen i tillitsbasert ledelse.

Når du mister den kontakten, mister du også noe av motivasjonen – og innflytelsen.

Praktiske grep når du savner å være tett på teamet

1. Blokker tid – og hold den hellig

Lag deg faste tider hver uke for å «være ute blant folka» – fysisk eller digitalt. Det kan være:

- Å gå rundt i lokalet og slå av prat
- Å sette av 30 min til drop-in-samtaler
- Å logge deg på teammøte uten agenda – bare for å være til stede

Det viktigste er at du er tilgjengelig – ikke bare synlig.

2. Bygg inn relasjonsledelse i kalenderen

I stedet for å ha ett stort «sjekk-inn» med alle sjelden, kan du spre det ut:

- Hver uke: 2 korte én-til-én-samtaler (10–15 min)
- Hver dag: én relasjonell handling – ros, nysgjerrighet, støtte

Små drypp gir sterkere relasjoner enn store tiltak en gang iblant.

3. Spør dem direkte – og lytt uten skjema

Eksempler:

- «Hvordan har du det egentlig nå for tida?»
- «Hva er det beste som skjer i jobben din akkurat nå?»
- «Hva trenger du mer/mindre av fra meg?»

Slike spørsmål trenger ikke rapporteres – de bygger tillit og menneskelig kontakt.

47

Verktøy: Ledelsessirkelen

Et verktøy du kan bruke til å holde balanse i lederrollen:

Dimensjon	Beskrivelse	Sjekkpunkt
Administrasjon	Rapportering, møter, planlegging	Hvor mye tid bruker jeg her?
Operasjon	Beslutninger, oppfølging, problemløsning	Er jeg for mye her alene?
Relasjon	Samtaler, tilstedeværelse, støtte	Er jeg tett nok på folka mine?

Se over sirkelen ukentlig og juster hvor du er. Målet er balanse – ikke perfeksjon.

Tips og triks for å komme tilbake til teamet

- Start dagen med å besøke én person før e-posten
- Slutt dagen med en kort samtale som ikke handler om leveranser
- Spør teamet: «Hva savner dere fra meg akkurat nå?»
- Bruk «usynlige» ledelsesøyeblikk – det lille smilet, det korte «hvordan går det?»
- Ikke undervurder verdien av å bare være der, uten en agenda

48

Det du savner, savner kanskje teamet også

Det er lett å tenke at du er for travel – og at de klarer seg selv. Men ofte savner de deg like mye som du savner dem. Å være leder er ikke å være over – det er å være med.

Og du kan begynne i dag – med en melding, en prat, en observasjon. Du trenger ikke løse alt på én dag. Bare vise deg. Være der.

For det er her du henter motivasjonen din. I menneskene. I kontakten. I ledelse som relasjon – ikke bare funksjon.

Kapittel 10

Når hjemmekontor føles isolert og tomt

Du står opp, kanskje med joggebukse. Heller kaffe. Logger på. Første møte. Andre møte. Kanskje et telefonanrop. Mellom slagene stirrer du ut av vinduet. Lunsj alene. Litt e-post. Og plutselig er det ettermiddag. Dagen er gått – men du har nesten ikke snakket med noen på ordentlig.

Hjemmekontor kan være praktisk og fleksibelt. Men det kan også bli ensomt, stillestående og tappende, spesielt for ledere som vanligvis henter energi fra samspill, dynamikk og nærvær.

Dette kapittelet handler om hvordan du gjenoppretter tilknytning, energi og struktur når hjemmekontor føles tomt – og hvordan du bevarer motivasjonen uten fysisk fellesskap.

Den usynlige belastningen ved hjemmekontor

Mange tror at hjemmekontor først og fremst handler om logistikk og selvdisiplin. Men den virkelige utfordringen er emosjonell og sosial:

- Du mister uformelle møter og småprat
- Du får mindre tilbakemelding og bekreftelse

- Du blir mer selvkritisk og usikker på om du gjør nok
- Du opplever at dagen flyter – uten tydelige grenser
- Du føler deg frakoblet – både fra teamet og din egen lederidentitet

Alt dette påvirker motivasjonen. Det skjer ikke plutselig. Det skjer gradvis – som en langsom demping av gløden.

Teori: Barbara Fredrickson – Positiv tilknytning og «broaden and build»

Barbara Fredrickson, psykolog og forsker på positiv psykologi, har vist at positive emosjoner skaper psykologisk motstandskraft. Hun kaller det *broaden and build*-teorien:

"Positive experiences utvider vår oppmerksomhet, kreativitet og sosiale bånd – og bygger ressurser over tid."

Når du jobber isolert, får du færre slike opplevelser – mindre anerkjennelse, mindre spontan latter, færre små seire. Derfor må du aktivt skape dem selv.

Praktiske grep for å motvirke isolasjon og tomhet

1. Strukturer dagen fysisk – ikke bare digitalt

Lag en rytme med fysiske overgangsritualer:

- Kle deg for jobb – selv om du er hjemme
- Start dagen med en kort gåtur (som en symbolsk «reise til jobb»)
- Ta lunsj et annet sted enn foran skjermen
- Marker slutten av dagen ved å rydde pulten eller logge av helt

Dette gir mentale avgrensninger – som beskytter motivasjonen.

2. Oppsøk kvalitet – ikke kvantitet – i sosial kontakt

Ikke prøv å gjenskape kontordagen digitalt. Velg i stedet:

- En god én-til-én-samtale med en kollega
- En ukentlig check-in med teamet, med rom for personlig deling
- Et 15-minutters digitalt «åpent kontor» der folk kan stikke innom
- En videosamtale med kamera på – for ekte kontakt

Én meningsfull kontakt kan være nok til å løfte en hel dag.

3. Vær ekstra raus med ros og tilbakemelding

Når vi jobber hjemme, vet vi ofte ikke hvordan vi oppfattes.

Som leder: *Si det høyt, si det ofte, si det konkret.*

Eksempler:

- «Jeg ser at du håndterer mye selvstendig – det setter jeg pris på.»
- «Du har en trygg og rolig måte i møtene våre – det hjelper teamet.»
- «Takk for at du er tydelig – det inspirerer.»

Verktøy: Hjemmekontor-kompasset

Bruk dette som ukentlig sjekkliste:

Spørsmål	Refleksjon
Har jeg hatt ekte sosial kontakt i dag?	
Har jeg skapt eller fått en følelse av mestring?	
Har jeg fått pauser som innebar fysisk bevegelse?	
Har jeg gjort noe som minner meg på hvorfor jeg er leder?	

Tre ja – og du er på rett vei. Mindre enn det? Juster neste dag.

Tips og triks for å hente energi på hjemmekontor

- Ha én «energikilde» klar: musikk, podcast, fysisk aktivitet

- Ikke planlegg møter rygg mot rygg – 10 minutter mellom er en gave

- Skriv et kort «dette fikk jeg til i dag»-notat før du logger av

- Sett opp et fysisk inspirerende arbeidsmiljø – ryddig, lyst, med noe du liker å se på

- Skap din egen morgenbrief: 3 minutter til å planlegge og motivere deg selv høyt eller skriftlig

Du er fortsatt leder – også fra kjøkkenbordet

Når du sitter alene foran skjermen, kan det føles som om alt lederskap har forsvunnet. Men det har det ikke. Du leder i hvordan du skriver. I hvordan du lytter digitalt. I hvordan du holder kontakt, viser tillit og støtter – selv på avstand.

Og når du finner rytmen – dine egne rammer, rutiner og relasjoner – kan hjemmekontoret bli mer enn et kompromiss. Det kan bli en kilde til ro, refleksjon og fokus.

Du må bare finne din måte å være nær – selv når du er fysisk langt unna.

Kapittel 11

Når du mister motivasjonen også etter jobb, hjemme

Arbeidsdagen er over. Du har lukket PC-en. Kalenderen er tom – i hvert fall for jobb. Likevel er du ikke fri. Kroppen kjennes fortsatt tung. Hodet fortsetter å kverne. Tankene surrer – om alt du burde gjort, kunne gjort annerledes, skulle tatt tak i. Du prøver å være til stede hjemme, men det er som om jobben sitter fast i nervesystemet.

Dette kapittelet handler om hvordan du henter tilbake deg selv etter en tung dag – og hvordan du skaper reell mental avkobling når arbeidsdagen er slutt. For motivasjonen din skal ikke bare leve i arbeidstiden. Den skal få blomstre også i tiden som er din egen.

Når jobben følger med hjem – selv når du ikke vil

Mange ledere bærer et konstant ansvar, og det ansvaret skrus ikke automatisk av klokken 16. Det er naturlig. Men når den indre stressen ikke gir seg – selv når du forsøker å hvile – begynner motivasjonen å visne.

Kjente tegn på dette:

- Du føler deg «tom, men påskrudd»
- Du klarer ikke slappe av, selv om du har fri
- Du trekker deg tilbake fra familie og venner

- Du får dårlig samvittighet for alt du ikke gjør – både hjemme og på jobb
- Du mister lysten på hobbyer og aktiviteter du vanligvis liker

Du er ikke alene. Mange ledere kjenner på dette. Og det finnes måter å møte det på – med varme, struktur og egenledelse.

Teori: William Bridges – Overganger og indre endring

William Bridges, ekspert på endringspsykologi, skiller mellom ytre endringer og indre overganger. Han sier:

«Overganger handler ikke om det som skjer utenfor oss, men det som skjer *inni* oss.»

Å gå fra arbeid til fritid er en overgang som må tas på alvor – ikke bare som en fysisk handling (å logge av), men som en indre justering. Uten den, får vi aldri hvile. Vi *bytter aktivitet*, men vi *forblir i arbeidstilstand*.

Praktiske grep for å skape ekte avkobling

1. Lag et «ritual» for å avslutte arbeidsdagen

En fast avslutningsrutine markerer skillet mellom jobb og fritid. Eksempler:

- Rydd pulten eller lukk lokket på PC-en med intensjon
- Gå en liten tur rett etter jobb – fysisk bevegelse signaliserer overgang
- Skriv én setning: «I dag har jeg gjort mitt beste. Nå lar jeg det ligge.»

Dette virker kanskje lite – men det hjelper hjernen å skifte modus.

2. Planlegg noe å glede deg til – selv om det er lite

Eksempler:

- En bok du liker
- En serie du bare ser når du har fri
- En telefonsamtale med noen som gir deg energi
- En fast kveldstur eller aktivitet

Motivasjon kommer lettere når hjernen vet at noe godt venter – ikke bare at jobben er over.

3. Tillat deg selv å ikke «prestere» hjemme

Du trenger ikke være en superversjon av deg selv på fritiden. Det er lov å:

- Være trøtt
- Ikke orke alt

- Si: «Jeg trenger en stille kveld»
  Gi deg selv *omsorg*, ikke bare krav. Du er
  fortsatt et menneske.

Verktøy: Overgangsbryteren – 3 enkle steg

Bruk denne øvelsen de første minuttene etter
arbeidsdagen:

1. **Pust (1 minutt)** – sett deg ned, lukk øynene, og
   fokuser på pusten

2. **Tøm (1 minutt)** – skriv ned tre ting du tenker på
   fra jobb

3. **Bytt (1 minutt)** – si høyt eller skriv: «Nå gir jeg
   slipp. Nå går jeg inn i kvelden.»

Dette hjelper deg å respektere overgangen – og dermed
få igjen kontakt med deg selv.

Tips og triks for å finne tilbake til overskuddet

- Ikke begynn på husarbeid rett etter jobb – ta 20 min
  ro først

- Unngå skjerm som eneste «hvile» – kroppen trenger
  variasjon

- Finn én aktivitet som kobler av mentalt – tur, matlaging, fysisk trening, musikk

- Ikke overtenk kvelden – tillat deg å *bare være*

- Si til deg selv: *«Motivasjon handler også om hvile, ikke bare innsats.»*

Du er mer enn jobben din – også hjemme

Jobben du gjør betyr mye. Men den er ikke hele deg. Du er også en venn. En partner. En nabo. Et menneske med drømmer, behov, verdier – og en kropp som trenger omsorg.

Motivasjon i lederrollen bygges ikke bare mellom klokken 08 og 16. Den bygges også i pausene. I gjenopprettelsen. I de små øyeblikkene hvor du henter deg selv hjem – og tillater deg å være mer enn en funksjon.

Kapittel 12

Når du føler deg alene som leder

Du er der for andre. Du støtter, følger opp, motiverer, justerer, holder oversikten. Folk kommer til deg med spørsmål, behov, utfordringer. Men hvem kommer du til?

Det finnes dager hvor lederrollen føles ensom. Hvor du sitter med ansvaret alene, beslutningene alene, vurderingene alene. Kanskje du ikke kan dele alt med teamet ditt. Kanskje du ikke har en nær lederkollega du kan betro deg til. Kanskje du har forsøkt, men opplever at få virkelig forstår hva du står i.

Dette kapittelet handler om hvordan du kan håndtere den iblant brutale følelsen av å stå alene – og hvordan du kan finne støtten, styrken og forbindelsen du trenger, selv om du ikke alltid har et støttende nettverk rett rundt deg.

Ensomhet i lederrollen – hvorfor den rammer

Ensomheten som leder handler ikke om å være alene fysisk. Den handler om:

- Å føle at ingen helt forstår presset du kjenner
- Å måtte holde igjen deler av deg selv for å skjerme andre
- Å alltid være den som «skal ha svar»

- Å ikke kunne vise sårbarhet åpent – i frykt for å skape usikkerhet

Dette er krevende, og det tærer på motivasjonen over tid. For vi mennesker er ikke laget for å stå alene – heller ikke i lederrollen.

Teori: Edgar Schein – Den psykologiske kontrakten

Organisasjonspsykologen Edgar Schein introduserte begrepet *psykologisk kontrakt* – det usagte, uformelle forventningsforholdet mellom arbeidstaker og leder.

Men også **ledere** lever under slike kontrakter – ofte med en uuttalt forventning om:

- Å være stabil
- Å tåle mer
- Å håndtere presset uten å vise det

Når du ikke kan være hel i rollen din – når du ikke føler at noen rommer deg som person – oppstår en indre splittelse. Og den er det som virkelig skaper ensomhet.

Praktiske grep for å dempe følelsen av alenegang

1. Etabler en personlig "støttekrets"

Tenk over: Hvem kan du snakke ærlig med, uten rolle eller filter? Det kan være:

- En lederkollega i en annen avdeling
- En tidligere mentor
- En venn som skjønner deg, uten å ville "fikse" deg
- En coach eller ekstern veileder

Du trenger ikke mange. Du trenger én som ser deg.

2. Våg å være sårbar i kontrollerte doser

Del én liten ting med teamet ditt eller kollegaer, f.eks.:

- «Jeg kjenner også at dette har vært en krevende uke.»
- «Noen dager kjenner jeg meg faktisk litt alene i rollen.»

Sårbarhet, brukt bevisst, skaper tillit – ikke usikkerhet. Det viser at du er ekte.

3. Skriv for deg selv

En dagbok eller refleksjonsbok kan være din nærmeste samtalepartner.
Spør deg selv:

- Hva bærer jeg på akkurat nå?
- Hva savner jeg?
- Hva ville jeg sagt til meg selv som en god leder?

Å skrive skaper selvkontakt – og reduserer følelsen av å være alene i tankene.

Verktøy: «Ressursperson-kartet»

Tegn en sirkel med deg selv i midten. Rundt skriver du:

- Hvem kan støtte meg faglig?
- Hvem gir meg emosjonell støtte?
- Hvem inspirerer meg utenfor jobben?
- Hvem kan jeg ringe bare for å le litt?

Kanskje du innser at du har flere støttespillere enn du trodde – eller at du trenger å bygge relasjoner aktivt.

Tips og triks for å skape ekte kontakt

- Delta i ledernettverk – digitalt eller fysisk

- Be en kollega om å gå en «kaffetur» – gjerne med uformell agenda

- Send en ærlig melding: «Hei, kan vi ta en prat? Jeg trenger å snakke litt.»

- Inviter til en ny type møtekultur: *Mer ærlighet, mindre fasade*

- Husk at du ikke trenger råd – du trenger et rom der du blir møtt

Du trenger ikke være sterk hele tiden

En stor misforståelse om ledelse er at du alltid må være selvsikker, balansert og robust. Men det er ikke menneskelig – og det skaper ikke ekte motivasjon.

Motivasjon bygges når du får være deg selv, og likevel vet at du er god nok i rollen. Når du kan tvile – uten å miste deg selv. Når du kan si "jeg trenger støtte" – og fortsatt være en sterk leder.

Du er ikke alene – selv når det føles sånn

Du er en del av noe større. Du står i en rolle som krever mer enn de fleste forstår. Men du er ikke svak fordi du kjenner på ensomhet. Du er ærlig. Og i det ligger nøkkelen til varig styrke.

Neste gang du føler deg alene, stopp opp og minn deg selv på:

«Jeg er her. Jeg gjør så godt jeg kan. Jeg fortjener også støtte.»

Og så tar du det neste steget – ikke alene, men med deg selv som alliert.

Kapittel 13

Når alt du gjør er riktig, men det fortsatt ikke blir bedre

Du har fulgt opp. Kommunisert tydelig. Lyttet, tilpasset, motivert. Du har tatt ansvar, holdt møter, laget planer, evaluert. Du har gjort det som forventes – og mer til. Likevel står du der og tenker: *«Hvorfor fungerer det ikke? Hva mer kan jeg gjøre?»*

Dette kapittelet er for deg som kjenner deg rådvill, utmattet og i tvil – selv om du vet at du har gjort ditt beste. For selv når vi gjør alt riktig som ledere, er det ikke alltid at omgivelsene responderer som vi ønsker. Da trenger vi nye perspektiver, og kanskje viktigst av alt: påminnelsen om at du ikke er alene.

Når innsats og resultat ikke henger sammen

Motivasjonen vår bygger delvis på sammenhengen mellom:

- *Innsats → Resultat*
- *Tiltak → Endring*
- *God ledelse → Bedre prestasjoner og trivsel*

Men i virkeligheten er denne linjen ofte uforutsigbar, treg og urettferdig:

- En ansatt fortsetter å prestere svakt, selv etter støtte
- En konflikt roer seg aldri helt
- Samarbeidet med kolleger forblir anstrengt
- Du gir alt, men teamet virker like uengasjert

Her begynner frustrasjonen å vokse. Ikke bare fordi det er krevende – men fordi det føles meningsløst.

Teori: Viktor Frankl – Mening under press

Psykiateren og forfatteren Viktor Frankl, som overlevde Holocaust og skrev boken *Man's Search for Meaning*, formulerte en kraftfull idé:

"When we are no longer able to change a situation, we are challenged to change ourselves."

Frankl lærte at mening ikke alltid kommer fra kontroll – men fra hvordan vi møter det vi ikke kan kontrollere. I lederrollen betyr det å hente styrke i prosessen – ikke bare resultatene.

Du kan ikke alltid få ting til å gå slik du vil. Men du kan velge hvordan du møter motgang, og hva du lærer av det.

Praktiske grep for å stå i det – og fortsette

1. Separér deg selv fra situasjonen

Skriv to lister:

- Hva har jeg gjort som jeg står inne for?
- Hva ligger utenfor min kontroll i dette?

Dette hjelper deg å gjenvinne balanse og unngå å ta alt personlig.

2. Rekalibrer forventningene dine

Kanskje du venter på at alt skal «løsne». Men kanskje fremgang nå handler om:

- Én god samtale
- Ett steg i riktig retning
- En uke uten tilbakeslag

Små tegn på bevegelse er også verdifulle.

3. Ta en pause – uten å gi opp

Å ta en mental pustepause er ikke det samme som å resignere. Det er selvledelse. Gi deg selv:

- En fridag uten ansvarstanker
- En samtale der du slipper å prestere

En påminnelse om at du er mer enn lederen i dette prosjektet

Verktøy: «Alt jeg faktisk har gjort»-øvelsen

Skriv fritt i 10 minutter:

- Hva har jeg gjort for å forbedre situasjonen?
- Hvem har jeg støttet?
- Hvilke verdier har jeg ledet etter?
- Hva har jeg stått i – og fortsatt valgt å møte med integritet?

Når du leser det du har skrevet, ser du: Du har ledet, selv om verden rundt deg ikke endret seg så raskt som du ønsket.

Tips og triks for å stå støtt midt i stillstanden

- Snakk med en ekstern person som ikke er involvert – for nytt blikk

- Unngå tanken «jeg må finne løsningen i kveld» – la det få modnes

- Minn deg selv på: «Jeg påvirker mer enn jeg ser – bare ikke alltid med en gang»

- Bruk humor – selv i motgang finnes det små glimt av letthet

- Husk: Det å ikke gi opp *er* fremgang

Du er ikke en dårlig leder fordi det ikke blir bedre

Dette er kanskje det viktigste: Resultater definerer ikke hele din verdi. Du leder ikke bare gjennom det du får til – men gjennom hvem du er når ting ikke går din vei.

Noen ganger er det mest kraftfulle du gjør:

- Å møte teamet igjen i morgen, med nytt håp

- Å fortsette å snakke med respekt, selv når du møter likegyldighet

- Å ikke la situasjonen knekke din integritet

Det blir ikke alltid bedre i dag – men det blir lettere å stå i

Forandring tar tid. Noen situasjoner løser seg ikke slik du håper. Men du blir klokere, tydeligere og mer ekte underveis. Og kanskje en dag, uten at du forventet det, skjer det noe – ikke fordi du presset det frem, men fordi du aldri sluttet å være leder.

Kapittel 14

Når du tviler på om du fortsatt passer i lederrollen

Noen dager er det mer enn bare en tung dag. Det er en dyp, stille uro. En følelse av at du kanskje er på feil sted. At du har mistet noe viktig. At du ikke lenger kjenner deg igjen i rollen – eller i deg selv.

Kanskje du tenker:

- *«Er jeg egentlig en god leder?»*
- *«Var dette riktig for meg likevel?»*
- *«Er jeg utbrent, eller bare lei?»*
- *«Burde jeg valgt noe annet?»*

Dette kapittelet handler om de øyeblikkene av tvil – og hvordan du møter dem med respekt, refleksjon og modenhet. For tvil betyr ikke nødvendigvis at noe er feil. Noen ganger er det et tegn på at du vokser.

Når identiteten begynner å vakle

Å være leder er mer enn en jobb. Det blir en del av hvem du er. Du formes av ansvar, tempo, krav, relasjoner og forventninger. Og hvis dette i lang tid har kostet mer enn det har gitt, begynner du å miste kontakten med deg selv.

Det kjennes som:

- At du spiller en rolle mer enn du lever i en
- At gleden og nysgjerrigheten har forsvunnet
- At du ikke lenger er sikker på hvorfor du gjør dette
- At du føler deg fanget i noe som en gang ga deg mening

Dette skjer oftere enn folk tror. Og det er ikke svakhet. Det er selvbevissthet.

Teori: Bill George – Autentisk ledelse

Professor og tidligere toppleder Bill George introduserte begrepet *authentic leadership* – ekte ledelse som bygger på personlig integritet, verdier og formål.

Han sier:

"You cannot be a true leader if you are not leading from your true self."

Når du tviler på om du passer i lederrollen, spør du egentlig: «Passer denne rollen til den jeg er nå?» Og det er et verdig spørsmål. For du forandrer deg. Og rollen forandrer seg. Av og til trenger de en ny tilpasning.

Praktiske grep når du kjenner deg fremmed i rollen

1. Gå tilbake til kilden

Still deg selv:

- Hvorfor ønsket jeg å bli leder i utgangspunktet?
- Hva var det jeg ville bidra med?
- Hva gir meg ekte mening i arbeidet – fortsatt?

Noen ganger har du bare mistet kompasset midlertidig.

2. Snakk høyt med noen du stoler på

Ikke sitt med eksistensiell tvil alene. Del det med:

- En mentor
- En lederkollega
- En coach
- En venn utenfor jobben

Du trenger ikke en løsning – bare et rom der du blir sett og forstått.

3. Skille mellom rolle og identitet

Du er ikke lederrollen. Det er én del av deg. Hvis du vurderer å gå videre, gjør det fra et sted av klarhet – ikke utmattelse. Still deg selv:

- Er det rollen jeg ikke passer i?

- Eller er det systemet, kulturen, belastningen akkurat nå?

Verktøy: Lederrefleksjonen «Er det fortsatt riktig for meg?»

Skriv ned svarene dine på følgende spørsmål:

1. Hva gir meg energi i lederrollen?
2. Hva tapper meg for energi – jevnlig?
3. Hvilke deler av rollen kjenner jeg meg stolt av?
4. Hvilke deler føles fremmede eller påtvungne?
5. Hva ville jeg gjort, hvis jeg kunne velge helt fritt?

Dette hjelper deg å se tydeligere, ikke bare føle dypere.

Tips og triks når du er i tvil om veien videre

- Ta deg tid – store spørsmål tåler ikke raske svar

- Unngå drastiske valg i perioder med lav energi

- Bruk ferie eller permisjon til å gjenopprette balanse

- Utforsk endring i rolle før du forlater hele feltet

- Husk: Å gi slipp på en rolle er ikke et nederlag – det kan være vekst

Du er ikke mindre verd hvis du velger noe annet

Noen ganger finner du tilbake til deg selv i rollen. Andre ganger innser du at du har vokst ut av den. Begge deler er riktig – så lenge du lytter innover, og handler ærlig.

Motivasjon kommer ikke bare fra ytre driv. Den kommer fra indre mening. Og når du tviler, har du en unik mulighet til å gjenoppdage hva som virkelig betyr noe for deg.

Du har lov til å spørre – og til å endre

Å stille spørsmålet *«Passer jeg fortsatt her?»* er ikke et tegn på svikt. Det er et tegn på modenhet. Du er ikke bare en leder – du er et menneske i utvikling.

Og uansett hva du velger, husk dette:

Du har ledet. Du har betydd noe. Du har gjort en forskjell.
Og du har lov til å velge det livet som gir deg kraft – ikke bare ansvar.

Kapittel 15

Når forventningene blir for høye – fra både deg selv og andre

Du vil være en god leder. Du vil følge opp teamet ditt, levere resultater, være synlig, tydelig, raus, trygg, tilpasningsdyktig – og helst i forkant. Og samtidig:

- Din leder forventer mer.
- Dine ansatte forventer tydelighet og støtte.
- Kollegene dine forventer samarbeid.
- Organisasjonen forventer måloppnåelse.
- Du selv forventer at du takler alt.

Og så står du der. Trøtt. Sliten. Fortsatt med en følelse av at du ikke gjør nok.

Dette kapittelet handler om hvordan du som leder kan møte urealistiske eller uhåndterlige forventninger med kløkt, grenser og en sunn dose selvrespekt.

Når forventningene blir en byrde

Det finnes et punkt hvor presset ikke lenger driver deg – det begynner å knekke deg. Dette skjer når:

- Du prøver å tilfredsstille alle – samtidig
- Du sier ja til alt – og mister oversikten
- Du føler deg utilstrekkelig, uansett hva du gjør

- Du måler deg selv mot idealbilder, ikke virkeligheten
- Du mister kontakten med egne behov og grenser

Dette skaper stress, dårlig søvn, økt irritasjon – og etter hvert motivasjonsfall. Du begynner å stille deg spørsmålet:
«Hvordan skal jeg holde ut dette tempoet?»

Teori: Brené Brown – Skam, perfeksjonisme og modig ledelse

Forskeren og forfatteren Brené Brown har i sitt arbeid med ledere og organisasjoner pekt på hvordan *perfeksjonisme og skam* er to av de største indre hindrene for ekte motivasjon.

Hun sier:

"Perfectionism is not the same as striving for excellence. It is a way of thinking that says: 'If I look perfect, live perfect, work perfect, I can avoid shame, judgment and blame.'"

Når du som leder begynner å jage perfeksjon for å unngå å bli avslørt som «ikke god nok», mister du deg selv. Løsningen er ikke å jobbe hardere – men å være modig nok til å sette grenser og akseptere at du er menneskelig.

Praktiske grep for å håndtere urealistiske forventninger

1. Gjør forventningene synlige – og vurder dem kritisk

Del arket i to:

Forventning	Realistisk?	Hvem eier den?	Bør jeg oppfylle den?

Gjør det skriftlig. Du vil se at mange av forventningene enten:

- Er selvpålagte
- Kan justeres
- Tilhører andres behov – ikke dine plikter

2. Kommuniser tydelig – oppover, sidelengs og nedover

Eksempler:

- «Her er hva jeg får til denne uken. Dette må vi eventuelt flytte.»

- «For at jeg skal følge opp teamet, trenger jeg mer forutsigbarhet på disse punktene.»

- «Det er viktig for meg å være tilgjengelig, men jeg trenger å kunne skjerme visse tider.»

Tydelighet gir deg respekt – ikke straff.

3. *Lag en enkel grense-praksis*

Velg ett signal du lytter til – og én handling du gjør. Eksempel:

- **Signal**: Når jeg kjenner at jeg begynner å haste i samtaler

- **Handling**: Jeg setter av 10 min pause og vurderer hva jeg kan si nei til

Verktøy: Indre forventningskompass

Stopp opp og spør deg selv:

1. Hvem prøver jeg å være akkurat nå?
2. Hvorfor føler jeg at det ikke er nok?
3. Hva ville jeg sagt til en god kollega som følte det samme?

Det du svarer på siste spørsmål – si det til deg selv.

Tips og triks for å finne balanse i kravene

- Lag én ukentlig «ikke-gjøre-liste» – ting du ikke skal ta på deg

- Øv deg på å si: «La meg komme tilbake til deg» i stedet for et automatisk ja

- Del én av dine grenser høyt – det modellerer sunn ledelse for andre

- Evaluer deg selv ut fra verdier, ikke volum: *Hvordan du leder, ikke hvor mye*

- Tillat deg å være ufullkommen – og likevel verdifull

Du er ikke laget for å bære alt – og det skal du heller ikke

Det å være leder er ikke å være alt for alle, alltid. Det er å være en stabil kraft som viser vei – og som også vet når det er nok. Når du setter grenser, lærer du teamet ditt det samme.

Motivasjon krever ikke perfekte resultater – men balanse, kontakt og sunn selvledelse. Du trenger ikke fikse alle. Du skal være hel – og vare.

Kapittel 16

Når du føler at du ikke strekker til hjemme heller

Du har gitt alt på jobb. Vært i møter, tatt beslutninger, løst konflikter, båret ansvar. Og så kommer du hjem – og kjenner det stikke litt når noen sier:

– «Du er alltid så opptatt.»
– «Vi savner deg.»
– «Kan du bare legge fra deg telefonen?»

Du vet de har rett. Og du kjenner det igjen selv: Du er der – men ikke helt. Hodet henger igjen i jobb. Energien er brukt opp. Du prøver å være til stede hjemme, men opplever at du ikke strekker til – hverken der eller her.

Dette kapittelet handler om hvordan du håndterer følelsen av å være utilstrekkelig – også på hjemmebane – og hvordan du finner tilbake til balanse, tilstedeværelse og motivasjon i begge deler av livet.

Når rollene kolliderer

Det er krevende å være leder. Men det er også krevende å være menneske – partner, forelder, venn, sønn eller datter. Og når disse rollene møtes, skjer ofte dette:

- Du tar med jobbstress hjem
- Du bruker energi på å «holde masken»

81

- Du mister overskudd til å være nærværende
- Du føler deg skyldig for å ikke være nok – for noen

Over tid kan dette føre til emosjonell avstand, dårlig samvittighet, utmattelse og – kanskje verst av alt – tap av motivasjon i begge arenaer.

Teori: Carl Jung – Skygge og balanse

Carl Gustav Jung, psykoanalytiker og pioner innen dybdepsykologi, introduserte begrepet *skyggen* – de delene av oss vi fortrenger eller overser.

Når du alltid forsøker å være «den sterke», «den profesjonelle» eller «den som fikser», risikerer du å fortrenge deler av deg selv som også trenger plass:

- Sårbarheten
- Trøttheten
- Behovet for å bare være – uten krav

Når disse skyggene ignoreres, viser de seg som frustrasjon, avstand og lav motivasjon – særlig hjemme. Balansen gjenopprettes når du tillater deg å være hel – både leder og menneske.

Praktiske grep når du kjenner deg utilstrekkelig hjemme

1. Skap et klart skille mellom jobb og hjem

Fysiske og mentale overganger hjelper:

- Gå en kort tur før du går «inn i hjemmerollen»
- Bytt klær når du kommer hjem
- Sett telefonen i ro i en time

Disse små handlingene markerer: *Nå er jeg her. Nå tilhører tiden noen andre enn jobben.*

2. Vær ærlig med familien – og deg selv

Du trenger ikke være perfekt. Prøv å si:

- «Jeg merker at jeg har lite energi i dag – men jeg vil være her med dere.»
- «Kan vi gjøre noe sammen som ikke krever så mye prat?»
- «Jeg trenger hjelp til å koble av – kan du minne meg på det?»

Nærhet skapes ikke av overskudd, men av ærlighet.

3. Gi deg selv tillatelse til å ikke fikse alt hjemme

Du trenger ikke være «superforelder» eller «den perfekte partner». Noen ganger er det nok å:

- Være i rommet

- Lytte
- Le

Lage en enkel middag og spørre hvordan dagen har vært

Verktøy: 3–2–1-modellen for hjemmebalanse

En øvelse for å hente deg hjem, mentalt og emosjonelt:

- 3 ting jeg er takknemlig for hjemme i dag

- 2 måter jeg kan være til stede på i kveld

- 1 ting jeg kan slippe tak i – fra jobbdagen

Skriv det ned. Gjør det konkret. Det forankrer deg.

Tips og triks for å koble på relasjonene dine

- Lag faste rutiner: f.eks. felles middag uten skjermer

- Spør ett ekte spørsmål per dag: «Hva var det fineste som skjedde for deg i dag?»

- Sett opp skjermfri tid – og hold den

- Del også når du lykkes på jobb – det inkluderer dem i ditt liv

- Husk at du kan be om tilbakemelding hjemme også: «Hvordan opplever dere meg i det siste?»

Du er nok – selv når du føler deg utilstrekkelig

Det å være leder koster. Og du gir mye. Men ikke glem: De som er hjemme hos deg, vil ha *deg* – ikke prestasjonen din. De vil ha nærheten din, nysgjerrigheten din, kjærligheten din.

Og selv når du ikke føler deg tilstrekkelig, betyr du fortsatt mer enn du aner.

Motivasjon bor også i det nære

Du leder på jobb. Men du lever hele deg – hjemme. Der ligger det som virkelig bærer deg:

- Fellesskapet
- Det ekte
- Den du får være, uten rolle

Du strekker til. Du er ikke perfekt, men du er *til stede*. Og det er det viktigste.

Kapittel 17

Når du kjenner på utbrenthetens forstadier

Du våkner trøtt, selv etter å ha sovet. Du kjenner deg irritabel for småting. Du har stadig kortere lunte. Tankene kverner, og du klarer ikke å slappe ordentlig av. Du begynner å unngå visse mennesker eller oppgaver. Du smiler – men det koster mer og mer. Og innerst inne tenker du kanskje: *«Jeg begynner å bli utbrent...»*

Dette kapittelet handler om hva du gjør når du merker tegnene – og hvordan du kan stoppe før du treffer veggen. For det er mulig. Men det krever at du lytter. Og handler.

Hva er egentlig utbrenthet?

Utbrenthet er ikke bare stress. Det er langvarig, uadressert belastning uten nok restitusjon. Verdens helseorganisasjon (WHO) definerer det som:

"A state of physical and emotional exhaustion caused by prolonged stress, particularly in the workplace."

De tre klassiske kjennetegnene:

1. **Utmattelse** – fysisk og emosjonell

2. **Likegyldighet eller kynisme** – en følelse av at det ikke betyr noe

3. **Redusert effektivitet** – du får gjort mindre, men bruker mer krefter

Teori: Christina Maslach – Utbrenthetens struktur

Psykolog Christina Maslach er en av verdens fremste eksperter på utbrenthet. Hennes forskning viser at seks faktorer ofte er til stede:

- For mye arbeid
- For lite kontroll
- For lite belønning
- Svake relasjoner eller støttesystem
- Urettferdighet
- Verdikonflikter

Som leder er det lett å havne i flere av disse samtidig – uten at noen fanger det opp. Derfor må du selv ta ansvar for å lytte til faresignalene.

Typiske forstadier du må ta på alvor

- Du tenker på jobb hele tiden – også når du ikke vil
- Du kjenner uro eller angst når du åpner e-post eller kalender
- Du kjenner deg nummen, tom eller følelsesmessig flat

- Du unngår kontakt med teamet eller kolleger
- Du har problemer med å sove eller våkner ofte
- Du gruer deg til ting du før gledet deg til

Jo tidligere du tar grep, jo lettere er det å snu.

Praktiske grep – før det er for sent

1. Erkjenn situasjonen – uten skam

Skriv ned:

- Hva kjenner jeg i kroppen?
- Hva skjer i tankene mine?
- Hva unngår jeg for tiden?

Å sette ord på det er første steg mot å hente deg selv tilbake.

2. Lag et minimumsprogram – for deg selv

I stedet for å forsøke å «fikse alt», velg 3 ting du prioriterer:

1. Søvn (minimum 7–8 timer)
2. Bevegelse (15–30 min daglig)
3. Ett menneske du snakker ærlig med i uken

Dette gir deg struktur, støtte og restitusjon.

3. Snakk med noen – profesjonelt eller privat

Det å si: «Jeg tror jeg begynner å bli utbrent», krever mot. Men det kan også redde deg. Snakk med:

- Fastlege
- HR eller bedriftshelsetjeneste
- Coach, psykolog eller rådgiver
- En du stoler på, som tør å være ærlig tilbake

Verktøy: Ukesjekk for indre helse

Bruk denne som fast rutine:

Spørsmål	Svar denne uken
Har jeg følt meg uthvilt minst 3 dager?	Ja / Nei
Har jeg ledd eller følt glede?	Ja / Nei
Har jeg unngått mennesker eller oppgaver?	Ja / Nei
Har jeg bedt om hjelp?	Ja / Nei
Hva trenger jeg mer av – akkurat nå?	Egen refleksjon

Tips og triks for å ta tilbake kontrollen

➤ Skap faste tidspunkter for stillhet eller refleksjon – f.eks. morgenkaffe uten skjerm

➤ Ta «minutthelp»: 3 minutters pust, 5 minutters pause mellom møter

➤ Unngå selvmedisinering gjennom koffein, skjerm, alkohol eller junkfood

➤ Si «nei» til noe – bare for å kjenne hvordan det føles

➤ Snakk høyt om det – du gir også andre rom til å være ærlige

Du mister deg selv – når du aldri gir deg selv tid

Det farligste ved utbrenthet er ikke bare at du blir sliten. Det er at du slutter å kjenne igjen deg selv. Du mister gnisten. Evnen til å glede deg. Troen på at det nytter. Og derfor er dette ikke bare et arbeidsproblem – det er et livsvarsel.

Men det finnes vei tilbake. Du trenger ikke vente til du er tom. Du kan begynne nå.

Å være en bærekraftig leder – starter med å bære deg selv

Du er verdifull – også når du ikke presterer på maks. Du fortjener hvile. Du trenger støtte. Du har rett til å sette grenser. Og når du gjør det, viser du styrke – ikke svakhet.

Å ta vare på deg selv som leder, er også å ta vare på teamet ditt.

Kapittel 18

Når du trenger å hente ny motivasjon fra noe utenfor jobben

Du har forsøkt alt. Strukturert arbeidsdag, målsetting, god ledelse, balanse – og likevel kjenner du at motivasjonen på jobb ikke er helt som før. Du leverer. Du fungerer. Men du brenner ikke. Og du begynner å spørre deg selv:

– *«Er det noe mer jeg trenger?»*
– *«Kan det være at jobben ikke skal være hele svaret?»*

Dette kapittelet handler om akkurat det:
Å hente mening, energi og motivasjon fra livet utenfor lederrollen – og hvorfor det ikke bare er lov, men helt nødvendig.

Når jobben slutter å gi nok

Mange ledere går inn i rollen med stort engasjement. Men over tid kan:

- Arbeidets rytme bli forutsigbar
- Relasjoner på jobb føles overfladiske
- Resultater miste emosjonell verdi
- Verdier komme i konflikt med systemer

Da kan motivasjonen dale, ikke fordi du gjør noe galt –
men fordi du har vokst.

Du trenger nye impulser, ny mening, nye perspektiver –
og de finner du oftest utenfor arbeidsplassen.

Teori: Abraham Maslow – Selvaktualisering og helhet

Psykologen Abraham Maslow er kjent for
behovspyramiden, hvor selvrealisering ligger på toppen.
Han peker på at mennesker ikke bare trenger trygghet og
tilhørighet – men mening, vekst og personlig utvikling.

"A musician must make music, an artist must paint, a
poet must write… What a man can be, he must be."

Jobben kan gi deg mye. Men den kan ikke romme hele
deg. Og den skal heller ikke det.

Praktiske grep for å hente energi utenfor jobben

1. Finn en aktivitet som er 100 % din – uten krav

Eksempler:

- Male, tegne, spille musikk
- Trene, løpe, padle, danse
- Skrive, fotografere, snekre
- Engasjere deg i frivillighet

Velg noe som ikke handler om prestasjon – men om tilstedeværelse.

2. Skap et nytt fellesskap utenfor arbeidsbobla

Bli med i:

- En bokklubb
- En interessegruppe
- Et kor, idrettslag eller kurs
- En organisasjon eller et sosialt initiativ

Det utvider horisonten og gir nye samtaler – hvor du er *mer enn rollen din.*

3. Utforsk en del av deg selv som har vært satt på pause

Spør deg:

- Hva likte jeg å gjøre før jeg ble leder?
- Hva gir meg mening, selv uten applaus?
- Hva gjør meg nysgjerrig akkurat nå?

Det er ikke egoistisk. Det er gjenoppdagelse.

Verktøy: Livskompasset

Tegn en sirkel delt i fire felt:

1. Arbeid
2. Helse og kropp
3. Relasjoner
4. Lidenskap og interesser

Gi hvert felt en poengscore fra 1–10. Hvor er det ubalanse? Hva ønsker du å fylle på?

Dette gir deg en ny forståelse av helheten – og hvor motivasjonen kan komme fra.

Tips og triks for å finne gnisten igjen

- Sett av én fast kveld i uken som er "din" – uten jobb eller ansvar

- Snakk med noen som kjenner deg utenfor yrkesrollen

- Tillat deg å gjøre noe *meningsløst* bare fordi det er gøy

- Les bøker, hør på podcaster eller lær noe nytt – ikke fordi du må, men fordi du vil

- Husk: Den du er utenfor jobben, fornyer den du er i jobben

Du er ikke jobben din – og det er en gave

Du er leder, ja. Men du er også:

- Et menneske med drømmer
- En nysgjerrig sjel
- En som trenger kreativitet, fellesskap og opplevelser

Når du bygger deg selv utenfor arbeid, blir du mer bærekraftig i arbeid. Og mer ekte. Og mer motivert – fordi du ikke kveler drivkraften din i én eneste rolle.

Motivasjon har flere kilder – og de ligger ofte nærmere enn du tror

Neste gang du kjenner at jobben ikke gir deg det du trenger, ikke prøv å presse ut mer der det er tomt. Gå heller ut. Se opp. Finn det som rører noe i deg.

Der, i musikken, i skogen, i samtalen, i gleden, i stillheten – der ligger kilden til ny motivasjon.

Og når du kommer tilbake til jobben med det blikket – vil du kanskje oppdage at du ser den med nye øyne.

Kapittel 19

Når du må bygge deg opp igjen etter et langt, tøft strekk

Du har stått i det. Uke etter uke. Kanskje måneder. Kanskje år. Du har levert. Holdt ut. Hatt et smil i møter, selv når du var tom. Du har vært leder, bærer, ordner, støttespiller. Men nå – når trykket letter litt – kjenner du hvor sliten du egentlig er. Ikke bare trøtt. Sliten helt inn til margen.

Dette kapittelet handler om hvordan du gjenoppbygger deg selv etter en slik periode. Ikke med raske løsninger – men med respekt for prosessen. For gjenoppbygging tar tid. Og du fortjener å bruke den tiden riktig.

Hva skjer i kroppen og hodet etter et tøft strekk?

Når kroppen får puste etter langvarig stress, skjer det ofte noe paradoksalt:

- Du kjenner deg mer sliten enn før
- Du mister initiativ og driv
- Følelser du har holdt nede, kommer plutselig opp
- Kroppen reagerer med vondter, trøtthet eller søvnproblemer

Dette er ikke feil. Det er restitusjonens første fase. Du går fra overlevelsesmodus til bearbeiding. Og da må du møte deg selv med tålmodighet – ikke prestasjon.

Teori: Stephen Covey – Lade sagbladet

Stephen Covey, forfatteren av *7 Gode vaner*, beskriver det slik:

"Sharpen the saw. Don't work harder with a dull blade."

Å bygge seg opp igjen handler om å lade verktøyet du har brukt for lenge – deg selv. Det betyr å:

- Hvile mentalt
- Gjenvinne energi fysisk
- Lade relasjonelle batterier
- Gjenskape mening

Og det skjer ikke i fart. Det skjer i stillhet.

Praktiske grep for å bygge deg opp – sakte og ekte

1. Start med restitusjon, ikke forbedring

Mange prøver å gå rett fra utmattelse til forbedringsprosjekter: «Nå skal jeg bli mer strukturert, mer aktiv, mer ...»
Stopp. Start heller med:

- Søvn
- Mat
- Stillhet
- Lave forventninger

La kroppen lande før du bygger nytt.

2. Skriv deg fri – med et ærlig tilbakeblikk

Lag tre lister:

- Dette var tungt
- Dette kom jeg gjennom
- Dette har jeg lært

Ikke for å analysere – men for å anerkjenne det du har stått i. Det skaper ro.

3. Bygg deg opp i lag – som en muskel

Tenk på deg selv som en idrettsutøver etter skade. Små, jevne steg:

- En positiv opplevelse per dag
- En ekte samtale per uke
- En fysisk aktivitet som gir energi
- En kveld uten krav

Små seire bygger trygghet og indre styrke.

Verktøy: Gjenoppbyggingsplanen

Lag en enkel plan over de neste 4 ukene. Ikke med mål – men med intensjoner:

Uke	Hva jeg vil prioritere	Hvordan jeg vil kjenne etter
1	Søvn, enkel bevegelse	Mindre hodekaos
2	Flere pauser	Litt lettere kropp
3	Gode samtaler	Mer kontakt med følelsene mine
4	Ny nysgjerrighet	En idé eller inspirasjon oppstår

Evaluer underveis med et vennlig blikk – ikke som en prestasjon.

Tips og triks når du reiser deg sakte

- Ikke gjør noe nytt før du kjenner deg hel nok

- Si nei til ekstra ansvar en stund – selv om du "kan"

- Snakk med noen som kjenner deg godt og tåler stillheten din

- Feir små steg – du står opp, du smiler, du kjenner igjen deg selv

- Tillat deg å ha en tom kalender

Du har vært sterk lenge – nå skal du være snill

Mange ledere er gode på å stå i stormen. Men få er trent i å hvile etterpå. Likevel er det der motivasjonen reetableres:

- Når du tillater deg å ikke levere
- Når du møter deg selv med varme, ikke krav
- Når du gjenoppdager verdien i stillheten

Du trenger ikke være på topp. Du skal bli hel.

Motivasjon er ikke alltid energi – det er tillit til at du finner tilbake

Kanskje du ikke føler deg inspirert nå. Det er greit. Det viktigste er at du vet:
Du kommer tilbake. Ikke til den du var før – men til en sterkere, klokere og mer ekte versjon av deg selv.

Kapittel 20

Når du kjenner at du er klar for en ny start

Det har ligget der en stund. En tanke. En lengsel.
Kanskje stille, kanskje høylytt:
«Hva om jeg begynner på nytt?»
«Hva om jeg gjør dette på en annen måte?»

Du kjenner at noe i deg er i bevegelse. Kanskje er du
ikke lenger den samme som da du tok på deg
lederrollen. Kanskje ønsker du å finne en ny balanse.
Eller kanskje det handler om en helt ny vei – et nytt steg,
en ny stilling og et nytt livskapittel.

Dette kapittelet handler om nettopp det: Å kjenne at du
er klar – og å møte overgangen med mot, bevissthet og
indre kraft.

Slutten på noe – starten på noe annet

En ny start trenger ikke bety å slutte som leder. Det kan
bety:

- Å lede på en ny måte
- Å endre prioriteringer
- Å si tydeligere ja og nei
- Å finne tilbake til det som er ekte for deg
- Eller: Å gå videre – og slippe taket

Uansett hva det er for deg, starter det med én ting: ærlig selvinnsikt.

Teori: William Bridges – Endringens tre faser

Organisasjonspsykolog William Bridges skiller mellom *endring* og *overgang*.
Endring er det ytre som skjer – ny jobb, ny tittel og ny struktur.
Overgang er det indre – tankene, følelsene, identiteten som må tilpasses.

Bridges definerer tre faser:

1. **Avslutning** – gi slipp på det gamle
2. **Nøytral sone** – forvirring, refleksjon og nyorientering
3. **Ny begynnelse** – ny retning, forankret i indre klarhet

Det er i den nøytrale sonen du formes. Og det er der du må være tålmodig.

Praktiske grep for å ta styring på din nye start

1. Avslutt med verdighet – det som skal avsluttes

Skriv et takkebrev – til deg selv, til rollen, til kollegaene, til erfaringen.
Du kan ha ambivalente følelser og likevel være

takknemlig.

Alt du har lært, tar du med deg videre.

2. Beskriv ditt neste kapittel – med åpne ord

Hva vil du fylle mer av i livet ditt?
Hva vil du gjøre mindre av?
Hva trenger du for å føle deg levende og ekte i hverdagen?

Du trenger ikke svare alt i dag. Men du trenger å *lytte*.

3. Snakk det høyt – med en som forstår

Del tankene dine. Ikke for å få svar, men for å høre deg selv tenke.

Du er nær en overgang. Den blir tryggere når du bærer den sammen med noen.

Verktøy: Ny start – visjon på én side

Skriv ned følgende på ett ark:

- Mitt liv slik det er nå: …
- Hva jeg savner: …
- Hva jeg lengter etter: …
- Mine verdier som jeg vil leve mer i tråd med: …
- Første lille steg: …

Dette blir ditt veikart. Ikke for å nå noe – men for å leve helere.

Tips og triks når du kjenner at du er i overgang

- Ikke forhast deg – det tar tid å bygge nytt på ærlig grunn

- Ikke undervurder det du forlater – selv det som var vanskelig, ga deg noe

- Ikke vent på perfekt klarhet – bevegelse skaper innsikt

- Ikke vær redd for å endre deg – det er et tegn på utvikling, ikke svik

- Ikke glem hva du drømte om før du ble leder – kanskje det skal få rom igjen

En ny start handler ikke om å begynne på null

Du starter ikke fra bunnen. Du starter fra erfaring. Fra modenhet. Fra mot.

Kanskje du blir i rollen – men med ny kraft og ny retning.
Kanskje du forlater rollen – og går inn i noe nytt med åpne øyne.

Kanskje du bare tar et valg: *Å begynne å leve enda litt mer som deg selv.*

Uansett – det er en ny start. Og den er din.

Du er mer enn denne rollen – og mer enn det du har vært

Du har ledet, båret, prøvd, gitt, vokst, tvilt og strukket deg. Og nå … Nå kjenner du at noe nytt er i gang. Du har ikke alle svarene. Men du har begynt å stille riktige spørsmål.

Det holder.

Etterord

Kjære leser – kjære leder:

Takk for at du har lest. Takk for at du har turt å se innover, reflektere og kjenne etter. Målet med denne boken har ikke vært å gi deg alle svar. Bare å si: Du er ikke alene. Du gjør en forskjell. Og du fortjener å ha det godt – også som leder.

Bruk det du trenger. Legg fra deg det du ikke trenger. Og husk: *Motivasjon handler ikke bare om å prestere – men om å være i kontakt med deg selv.*

Lykke til videre – med deg selv, ditt team, ditt liv. Og når dagen er tung igjen: Blås støvet av denne boken. Jeg er fortsatt her, med deg.

Vennlig hilsen,
Sam Afshari

Forlag: BoD · Books on Demand,
Postboks 354 Sentrum, 0101 Oslo, bod@bod.no
Trykk: Libri Plureos GmbH,
Friedensallee 273, 22763 Hamburg, Tyskland
ISBN: 978-82-938-7395-2